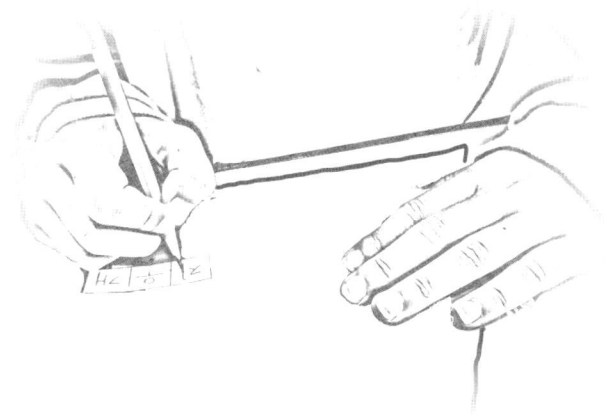

- 연필은 무르고 진한 2B를 준비합니다.
- 바른 자세로 앉아 연필을 바르게 쥡니다.
  1. 연필 깎은 부분의 바로 위에 첫째 손가락과 둘째 손가락의 모양을 둥글게 하여 연필을 잡아요.
  2. 연필을 너무 세우거나 눕히지 마세요.
  3. 가운뎃손가락으로 연필을 받쳐요.
  4. 적당히 힘을 주어 연필을 잡아요.
  5. 다른 손은 펴서 종이를 눌러요.
- 손가락, 손목, 손 전체를 모두 이용해 글씨를 씁니다.
- 선을 보고 천천히 따라서 긋습니다.
- 매일 매일 꾸준히 연습합니다.

순서 및 확인

순 서	쪽	월 일	확 인
직선 그리기	3 ~ 5		
사선 그리기	6 ~ 7		
곡선 그리기	8 ~ 9		
네모 그리기	10 ~ 11		
세모 그리기	12 ~ 13		
동그라미 그리기	14 ~ 15		
ㄱㄴㅁㅅㅇ	16		
ㅡㅣㅗㅏㅜㅓ	17		
그느므스으	18		
기니미시이	19		
고노모소오	20		
가나마사아	21		
구누무수우	22		
거너머서어	23		
그크느드트	24 ~ 25		
기키니디티	26 ~ 27		
ㄲㄸㅃㅆㅉ	28		
의외위왜웨	29		
극는믐슷응	30		
긱닌밈싯잉	31		
곡논몸솟옹	32		
각난맘삿앙	33		
국눈뭄숫웅	34		
걱넌멈섯엉	35		
상장	36		

_____년 ____월 ____일   바른 글씨 바른 마음, 예쁜 글씨 예쁜 마음

| # | # | # | # | # | # | # | # | # | # |

_____ 년 ____월 ____일   바른 글씨 바른 마음, 예쁜 글씨 예쁜 마음

# # # # # # # # # #

_____ 년 ____월 ____일   바른 글씨 바른 마음, 예쁜 글씨 예쁜 마음

#	#	#	#	#	#	#	#	#	#

_____ 년 ____월 ____일   바른 글씨 바른 마음, 예쁜 글씨 예쁜 마음

_____ 년 ____월 ____일   바른 글씨 바른 마음, 예쁜 글씨 예쁜 마음

_____ 년 ____월 ____일   바른 글씨 바른 마음, 예쁜 글씨 예쁜 마음

_____ 년 ____월 ____일   바른 글씨 바른 마음, 예쁜 글씨 예쁜 마음

ⓞ ⓞ ⓞ ⓞ ⓞ ⓞ ⓞ ⓞ ⓞ ⓞ

_____ 년 ____월 ____일   바른 글씨 바른 마음, 예쁜 글씨 예쁜 마음

_____ 년 ____월 ____일 바른 글씨 바른 마음, 예쁜 글씨 예쁜 마음

_____ 년 ____ 월 ____ 일   바른 글씨 바른 마음, 예쁜 글씨 예쁜 마음

△	△	△	△	△	△	△	△	△	△

_____ 년 ____월 ____일   바른 글씨 바른 마음, 예쁜 글씨 예쁜 마음

_____ 년 ____월 ____일   바른 글씨 바른 마음, 예쁜 글씨 예쁜 마음

○ ○ ○ ○ ○ ○ ○ ○ ○ ○

_____ 년 ____ 월 ____ 일   바른 글씨 바른 마음, 예쁜 글씨 예쁜 마음

○ ○ ○ ○ ○ ○ ○ ○ ○ ○

_____ 년 ____월 ____일   바른 글씨 바른 마음, 예쁜 글씨 예쁜 마음

ㄱ ㄴ ㅁ ㅅ ㅇ

_____ 년 ____월 ____일   바른 글씨 바른 마음, 예쁜 글씨 예쁜 마음

ㅡ ㅣ ㅗ ㅏ ㅜ ㅓ

____ 년 ____ 월 ____ 일   바른 글씨 바른 마음, 예쁜 글씨 예쁜 마음

ㄱ ㄴ ㅁ ㅅ ㅇ

_____ 년 ____월 ____일   바른 글씨 바른 마음, 예쁜 글씨 예쁜 마음

기	니	미	시	이					

_____ 년 ____월 ____일   바른 글씨 바른 마음, 예쁜 글씨 예쁜 마음

고 노 모 소 오

_____ 년 ____ 월 ____ 일   바른 글씨 바른 마음, 예쁜 글씨 예쁜 마음

가 나 마 사 아

_____ 년 ____월 ____일 바른 글씨 바른 마음, 예쁜 글씨 예쁜 마음

구 누 무 수 우

_____ 년 ____월 ____일   바른 글씨 바른 마음, 예쁜 글씨 예쁜 마음

거	너	머	서	어					

_____ 년 ____월 ____일   바른 글씨 바른 마음, 예쁜 글씨 예쁜 마음

ㄱ	ㅋ	ㄴ	ㄷ	ㅌ	ㅁ	ㅂ	ㅍ

_____ 년 ____월 ____일   바른 글씨 바른 마음, 예쁜 글씨 예쁜 마음

| ㅅ | ㅈ | ㅊ | | ㅇ | ㅎ | | ㄹ | | |

_____ 년 ____월 ____일   바른 글씨 바른 마음, 예쁜 글씨 예쁜 마음

| 기 | 키 | | 니 | 디 | 티 | | 미 | 비 | 피 |

_____ 년 ____월 ____일   바른 글씨 바른 마음, 예쁜 글씨 예쁜 마음

시	지	치		이	히		리		

_____ 년 ____ 월 ____ 일   바른 글씨 바른 마음, 예쁜 글씨 예쁜 마음

ㄲ	ㄸ	ㅃ	ㅆ	ㅉ					

_____ 년 ____월 ____일   바른 글씨 바른 마음, 예쁜 글씨 예쁜 마음

의	외	위	왜	웨	애	에	얘	예	

_____ 년 ____월 ____일   바른 글씨 바른 마음, 예쁜 글씨 예쁜 마음

국	는	믐	숫	응					

_____ 년 ____월 ____일   바른 글씨 바른 마음, 예쁜 글씨 예쁜 마음

| 긱 | 닌 | 밈 | 싯 | 잉 | | | | | |

_____ 년 ____월 ____일   바른 글씨 바른 마음, 예쁜 글씨 예쁜 마음

곡	논	몸	솟	옹					

_____ 년 ____월 ____일   바른 글씨 바른 마음, 예쁜 글씨 예쁜 마음

| 각 | 난 | 맘 | 삿 | 앙 | | | | | |

_____ 년 ____월 ____일   바른 글씨 바른 마음, 예쁜 글씨 예쁜 마음

국	눈	물	숯	웅					

_____ 년 ____월 ____일   바른 글씨 바른 마음, 예쁜 글씨 예쁜 마음

걱	넌	멈	섯	엉					

상 장

　꾸준함은 모든 것을 이깁니다. _____ 님은 그동안 바른 자세로 앉아 연필을 바로 쥐고 또박또박 글씨 쓰기 연습을 하여 반듯반듯한 글씨를 쓰게 되어 이 상장을 드립니다.

년　월　일

_____